초등한자 7급
한자능력시험대비
한권으로 끝내는 초등한자

초등한자 7급
한자능력시험대비 한권으로 끝내는 초등한자

2쇄 인쇄   2025년 7월 10일
2쇄 발행   2025년 7월 15일

편저자   시사정보연구원
발행인   권윤삼
발행처   도서출판 산수야

등록번호   제1-1515호
주소   서울시 마포구 월드컵로 165-4
우편번호   03962
전화   02-332-9655
팩스   02-335-0674

ISBN 978-89-8097-509-9   73710

값은 뒤표지에 있습니다. 잘못된 책은 바꾸어 드립니다.

이 책의 모든 법적 권리는 도서출판 산수야에 있습니다.
저작권법에 의해 보호받는 저작물이므로
본사의 허락 없이 무단 전재, 복제, 전자출판 등을 금합니다.

이 도서의 국립중앙도서관 출판시도서목록(CIP)은
서지정보유통지원시스템 홈페이지(http://seoji.nl.go.kr)와
국가자료공동목록시스템(http://www.nl.go.kr/kolisnet)에서 이용하실 수 있습니다.
(CIP제어번호: CIP2020019663)

초등 교과서 기초 한자 시리즈

초등한자 7급
한자능력시험대비
한 권으로 끝내는 초등한자

시사정보연구원 편저

★ 머리말

성적을 쑥쑥 올려주는 교과서 한자로
재미있게 공부하면서 한자급수도 빨리 딸 수 있어요

　어린이 여러분, 혹시 친구들과 이야기를 하거나 부모님과 대화를 나눌 때 이해하기 어려운 낱말을 접한 경험이 있나요? 그래요. 어휘력이 부족하다는 생각이 들 때가 있었을 거예요. 이야기를 하거나 책을 읽을 때, 낱말이 정확하게 이해되지 않아 답답한 상황도 살짝 경험했을 거구요. 어렵거나 모르는 낱말은 부모님께 묻거나 사전을 찾거나 친구에게 물어서 이해하고 넘어가면 좋은데 지나치면 그 단어가 또 나왔을 때 당황하게 된답니다. 그 이유는 낱말을 정확하게 이해해야 우리말과 문장을 이해할 수 있기 때문이지요.

　여러분은 우리말의 70퍼센트가 한자어로 구성되어 있다는 사실을 알고 있나요? 중국과 일본과 한국은 동아시아의 대표적인 나라이며, 모두 한자를 사용하고 있어요. 그러니 어휘에 한자어가 많겠죠? 특히 추상적인 어휘가 많이 등장하는 사회나 과학 과목을 공부할 때는 한자를 많이 아는 것이 큰 도움이 돼요.

　이 책은 한자급수 7급에 해당하는 한자 150개를 중심으로 교과서에 나오는 단어들로 재구성하였답니다. 어린이 여러분이 초등학교에서 배우는 한자어를 기억하기 쉽도록 설명하고 있을 뿐만 아니라 어휘를 늘릴 수 있도록 배려했어요. 한자능력시험도 대비하면서 성적도 쑥쑥 올릴 수 있으니 일석이조랍니다.

　한자능력시험대비 초등한자는 학습을 강요하는 책이 아니라 인성과 창의력, 어휘력을 늘리는 데 중점을 두었어요. 다양한 단어들로 구성된 읽을거리를 통해 독해력과 사고력을

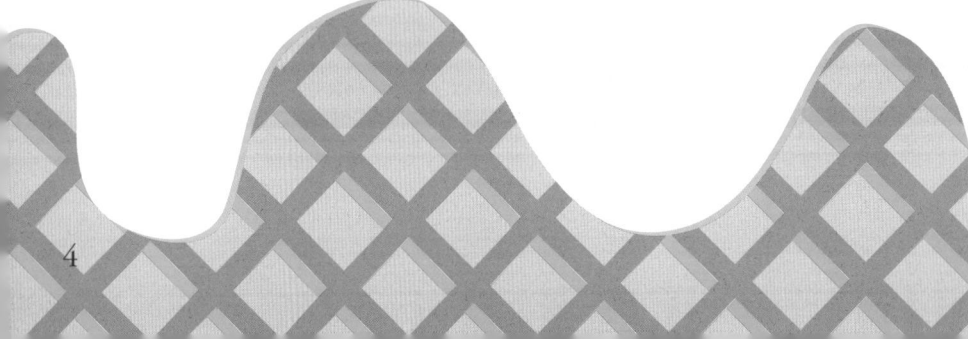

높일 수 있답니다. 특히 이 책은 한자의 3요소인 뜻, 소리, 모양과 자원, 부수, 총획수, 쓰기 연습, 획순, 어휘 등의 순으로 한자를 재미있게 학습할 수 있어요. 급수별 시험문제들은 응시하는 곳의 홈페이지에서 무료로 사용할 수 있답니다.

어린이 여러분, 한꺼번에 많은 분량을 공부하는 것보다는 조금씩, 꾸준하게 하는 것이 중요합니다. 자신을 관찰한 뒤, 스스로 계획을 세워서 실천하는 어린이가 되기를 희망합니다.

부수 | 한자의 기본이 되는 부수를 익힙니다.

자원 | 한자가 만들어지는 과정을 한 번 보고 익히면 기억되는 연산법을 활용하여 한자를 기억하게 합니다.

쓰기 | 한자 따라 쓰기, 훈음 쓰기 등의 과정을 통해 한자의 3요소를 완전하게 학습하도록 합니다.

획순 | 한자를 바르게 쓸 수 있도록 획순을 표시하였습니다. 모든 글자는 쓰는 순서가 정해져 있습니다. 올바른 순서에 따라 글씨 연습을 하면 바르고 예쁜 글씨를 쓸 수 있을 뿐만 아니라 인성도 기를 수 있어요.

어휘 | 한자와 한자가 결합한 단어를 학습하면 어휘력을 높일 수 있어요. 어휘력을 높이면 국어 실력뿐만 아니라 사회나 과학, 수학까지도 재미있게 공부할 수 있어요.

★ 이 책의 특징

★ **한자 맛보기** | 혹시 한자가 어렵지는 않을까라고 생각하는 어린이들을 위해 복잡한 획순과 원리를 깨치는 데 목표를 두고 한자의 원리, 부수, 획순에 대한 기초 이론을 설명하여 본격적인 한자 익히기에 도움이 될 수 있도록 구성하였습니다.

★ **한자 익히기** | 한자의 변천 과정과 흥미롭고 재미있는 풀이를 통하여 한자 형(形)·음(音)·의(意)·부수 익히기 등을 쉽고 체계적으로 학습할 수 있도록 구성하였습니다.

★ **어휘력 쌓기** | 공부한 한자를 바로 활용하여 어휘력을 높일 수 있도록 문장을 구성하였습니다. 문장 속에서 어떻게 활용되는지 살펴봄으로써 창의성과 문제 해결 능력을 높이고 재미있게 학습할 수 있습니다.

★ **고사성어로 배우기** | 다양한 고사성어를 통하여 상상의 세계와 지적 호기심 채워주고, 어휘 실력을 한층 높여주기 때문에 한자 활용을 스스로 할 수 있도록 구성하였습니다.

★ 차례

* 머리말 _ 4
* 이 책의 특징 _ 6
* 한자의 형성 원리를 배워요 _ 8
* 한자 쓰기의 기본 원칙을 배워요 _ 10
* 부수의 위치와 명칭을 배워요 _ 12
* 8급 한자를 5자로 묶었어요.
  노래를 부르듯 흥얼거리면서 배워 봐요! _ 14
* 8급 한자를 관련 글자끼리 재미있게 배워요! _ 15
* 7급 한자를 재미있게 배워요! _ 16

ㄱ _ 18 ㄴ _ 29 ㄷ _ 32 ㄹ _ 39

ㅁ _ 45 ㅂ _ 52 ㅅ _ 56 ㅇ _ 72

ㅈ _ 81 ㅊ _ 98 ㅋ ㅌ

ㅍ _ 106 ㅎ _ 108

★ 한자의 형성 원리를 배워요

1. 한자는 실제 모양과 형태를 본뜬 글자예요. 상형문자라고 하지요.

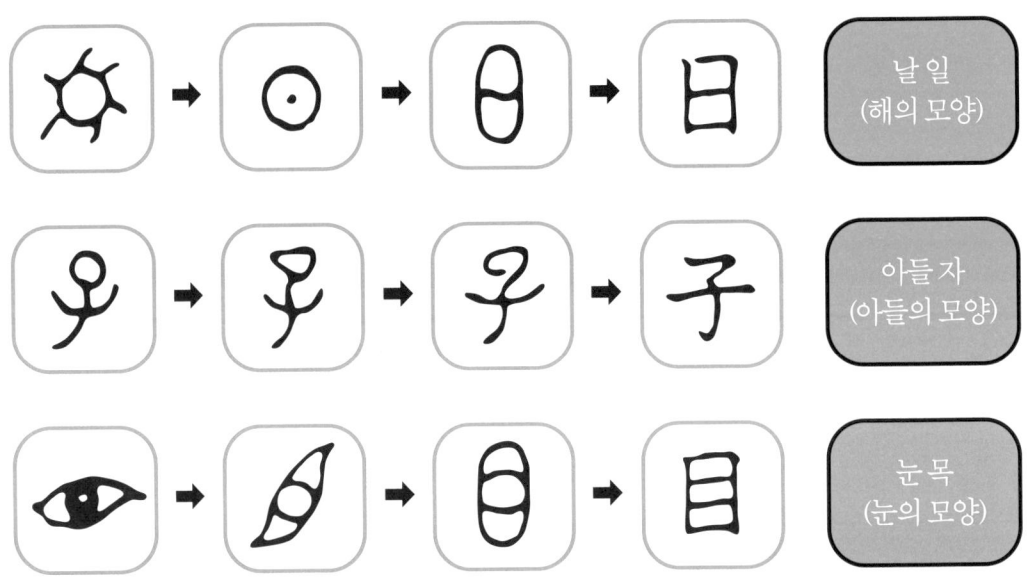

2. 실제 모양으로 나타낼 수 없는 것은 점이나 선이나 부호로 그려 글자를 만들어요. 지시문자라고 하지요.

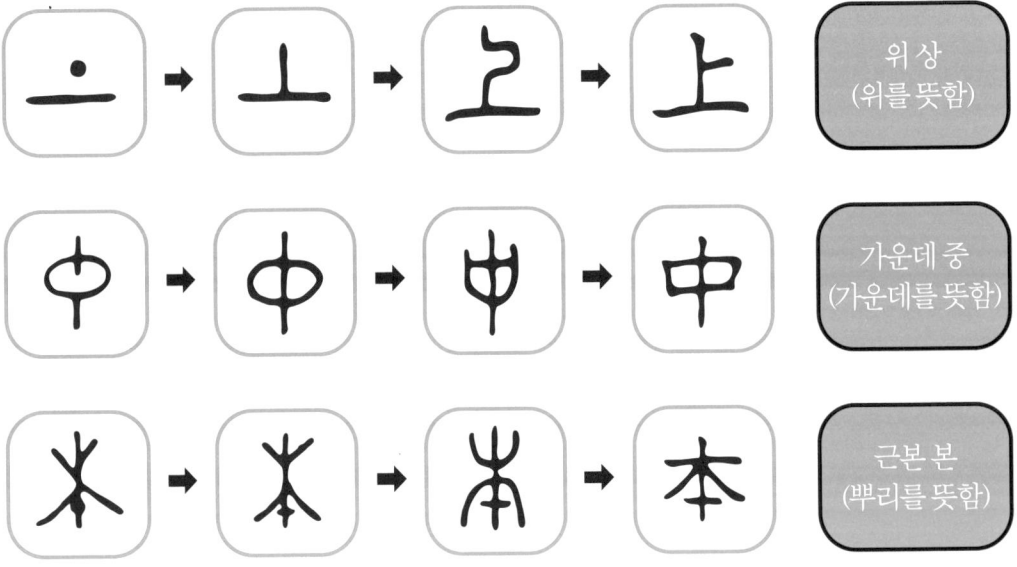

3. 이미 만들어진 글자를 둘 이상 합쳐서 새로운 글자를 만들어요.
   회의문자나 형성문자라고 하지요.

밭에서 힘써 일하는 사람을 남자로 나타냈답니다.

해와 달이 같이 있으니 엄청 밝다는 뜻이 된답니다.

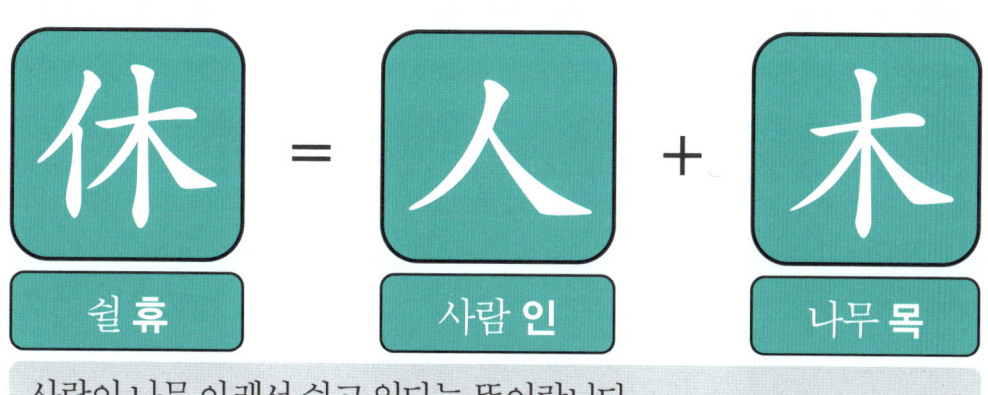

사람이 나무 아래서 쉬고 있다는 뜻이랍니다.

★ 한자 쓰기의 기본 원칙을 배워요

1. 위에서 아래로 쓴다.

言 말씀 언	〠 二 三 䢼 言 言 言
雲 구름 운	一 亇 宀 币 币 雨 雨 雪 雲 雲 雲

2. 왼쪽에서 오른쪽으로 쓴다.

江 강 강	丶 冫 氵 汀 江 江
例 법식 례	丿 亻 仃 仔 伤 佋 例 例

3. 가로획과 세로획이 겹칠 때는 가로획을 먼저 쓴다.

用 쓸 용	丿 刀 月 月 用
共 함께 공	一 十 卄 共 共 共

4. 삐침과 파임이 만날 때는 삐침을 먼저 쓴다.

人 사람 인	丿 人
文 글월 문	丶 亠 宀 文

5. 좌우가 대칭될 때에는 가운데를 먼저 쓴다.

小 작을 소	亅 小 小
承 받들 승	乛 了 孑 手 承 承 承

6. 둘러 싼 모양으로 된 자는 바깥쪽을 먼저 쓴다.

| 同 같을 동 | 丨 冂 冂 同 同 同 |
| 病 병날 병 | 丶 亠 广 广 广 疒 疒 病 病 病 |

7. 글자를 가로지르는 가로획은 나중에 긋는다.

| 女 여자 녀 | 乀 夕 女 |
| 母 어미 모 | 乀 乊 乊 母 母 |

8. 글자 전체를 꿰뚫는 세로획은 나중에 쓴다.

| 車 수레 거 | 一 厂 币 币 百 亘 車 |
| 事 일 사 | 一 厂 币 百 写 写 事 |

9. 책받침(辶,廴)은 나중에 쓴다

| 近 원근 근 | 丿 𠂆 斤 斤 沂 近 近 |
| 建 세울 건 | 𠃌 ㄱ ㅋ ㅋ 글 肀 聿 津 建 建 |

10. 오른쪽 위에 점이 있는 글자는 그 점을 나중에 찍는다.

| 犬 개 견 | 一 ナ 大 犬 |
| 成 이룰 성 | 丿 厂 厂 厅 成 成 成 |

★ 부수의 위치와 명칭을 배워요

1. 뜻 : 部(부)의 대표문자를 部首(부수)라 한다.

   즉, 부수는 주로 漢字(한자)의 뜻과 소리를 나타낸다.

   부수에 해당하는 한자가 다른 글자 속에 포함될 때는 글자의 모양이 변한다.

   예)「水」가 왼쪽에 붙을 때는「氵」(삼수변)

   　　「刀」가 오른쪽에 붙을 때는「刂」(칼도방)

2. 위치

(1) 邊(변) : 부수가 글자의 왼쪽에 있어요.	
	예 日(날 일) → 明(밝을 명) 　 時(때 시)
	車(수레 거) → 轉(구를 전) 　 輪(바퀴 륜)

(2) 傍, 旁(방) : 부수가 글자의 오른쪽에 있어요.	
	예 彡(터럭 삼) → 形(형상 형) 　 彩(무늬 채)
	隹(새 추) → 雜(섞일 잡) 　 難(어지러울 난)

(3) 頭(두 : 머리) : 부수가 글자의 위에 있어요.	
	예 宀(갓머리) → 安(편안할 안) 　 定(정할 정)
	竹(대죽머리) → 筆(붓 필) 　 策(꾀 책)

(4) 脚(각 : 발) : 부수가 글자의 밑에 있어요.

예 ㅟ(불화) → 照(비칠 조)　熱(더울 열)
皿(그릇명밑) → 盛(성할 성)　監(살필 감)

(5) 繞(요 : 받침) : 부수가 글자의 변과 발을 싸고 있어요.

예 走(달아날 주) → 起(일어날 기)　越(넘을 월)
辶(책받침) → 近(가까울 근)　進(나갈 진)

(6) 垂(수 : 엄호) : 부수가 글자의 위와 왼쪽을 싸고 있어요.

예 厂(민엄 호) → 原(근본 원)　厚(후할 후)
广(엄 호) → 床(침상 상)　度(법도 도)

(7) 構(구 : 몸) : 부수가 글자를 에워싸고 있어요.

예 囗(큰입구몸) → 國(나라 국)　園(동산 원)
門(문문) → 閑(한가할 한)　間(사이 간)

(8) 제부수 : 글자 자체가 부수자인 것을 말해요.

예 一(한 일), 入(들 입), 色(빛 색), 面(낯 면)
高(높을 고), 麥(보리 맥), 鼓(북 고), 龍(용 용)

★ 8급 한자를 5자로 묶었어요. 노래를 부르듯 흥얼거리면서 배워 봐요!

★ 8급 한자를 관련 글자끼리 재미있게 배워요!

숫자	一二三四五六七八九十萬 일 이 삼 사 오 육 칠 팔 구 십 만
요일	日月火水木金土 일 월 화 수 목 금 토 
가족	父母兄弟女人外寸 부 모 형 제 여 인 외 촌
학교	學校長先生敎室年 학 교 장 선 생 교 실 년
국가·크기	大韓民國中小王軍 대 한 민 국 중 소 왕 군
방위·자연	東西南北靑白山門 동 서 남 북 청 백 산 문 

★ 7급 한자를 재미있게 배워요!

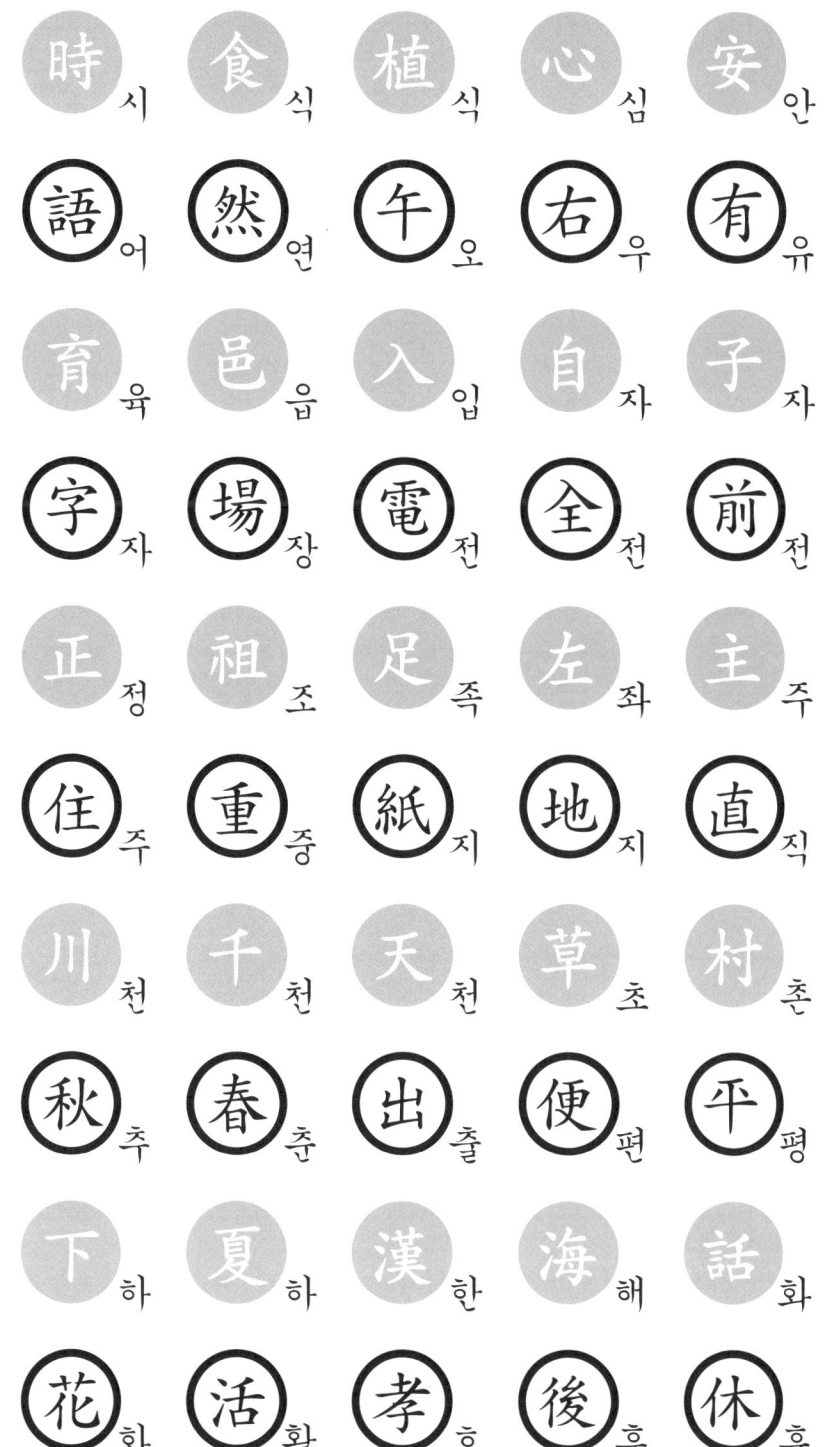

家

부수 : 宀(갓머리) 총 10획

돼지(豕), 즉 가축이 집(宀) 안에 있어요. 옛날에는 가축과 같이 모여서 사는 곳을 집이라 생각했어요.

집 가

丶丶宀宀宀宁宁家家家

家事 가사 집안 살림살이에 관한 일, 또는 한 집안의 사사로운 일.
(事 일 사)

家世 가세 문벌(門閥) 대대(代代)로 내려오는 그 집안의 지체.
(世 인간 세)

집안의 사사로운 일인 家事(   )에는 남이 관여하지 않는 게 좋아요.

정답 : 가사

家

自家撞着 자가당착

자기(自己)의 언행(言行)이 앞뒤가 서로 맞지 아니하고 모순(矛盾)됨을 이르는 말이에요.

歌

부수 : 欠(하품흠) 총 14획

하품하는 모양(欠)으로 소리를 길게 빼서 노래한다(哥)가 합하여서 노래를 뜻해요.

노래 가

一 丆 丂 可 可 哥 哥 哥 哥 哥 歌 歌 歌

歌手 가수 — 노래 부르는 것을 직업(職業)으로 삼는 사람.
(手 손 수)

歌人 가인 — 노래를 부르거나 짓는 사람.
(人 사람 인)

노래 부르는 것이 직업인 사람을 우리는 歌手(　　)라 불러요.

정답 : 가수

歌

四面楚歌 사면초가

사방(四方)에서 들리는 초(楚)나라의 노래라는 뜻으로, 적에게 둘러싸인 상태(狀態)나 누구의 도움도 받을 수 없는 외롭고 곤란한 지경에 빠진 형편(形便)을 이르는 말이에요.

間	부수 : 門(문문) 총 12획
	문(門)이나 방문 틈으로 햇빛(日)이 비친다는 뜻에서 사이를 뜻해요.
사이 간	冂 冃 門 門 門 問 間

間言 간언	남의 사이를 떼어놓는 말. (言 말씀 언)
間印 간인	서류(書類)에 얽어 맨 종잇장 사이에 도장(圖章)을 걸쳐 찍음. (印 도장 인, 찍을 인)

친구의 間言(　　) 때문에 다른 친구와 멀어졌어요.

정답 : 간언

間					

間世之材 간세지재

여러 세대를 통하여 드물게 나는 뛰어난 인재(人材)를 말해요.

江

부수 : 氵(삼수변) 총 6획

냇물(水 = 氵)이 모여서 만들어지는(工) 것이 바로 강이에요.

| 강 강 | ` ˋ 氵 氵 汀 江 江 |

| 江南 강남 | ① 강의 남쪽. ② 따뜻한 남쪽 나라.
(南 남녘 남) |
| 江北 강북 | ① 강의 북쪽 지방(地方). ② 한강(漢江)의 북쪽 지방(地方).
(北 북녘 북) |

서울은 한강을 사이에 두고 江南(　　)과 江北(　　)으로 나뉘어요.

정답 : 강남, 강북

江				

錦繡江山 금수강산

비단(緋緞)에 수를 놓은 듯이 아름다운 산천(山川)이라는 뜻으로, 우리나라 강산(江山)을 이르는 말이랍니다.

	부수 : 車(수레거) 총 7획
	수레의 모양을 본떠 만들었어요.

수레 거, 수레 차	一 厂 F 百 亘 亘 車

車駕 거가	① 임금이 타는 수레. ② 임금의 행차(行次). (駕 멍에 가)
車馬 거마	① 수레와 말. ② 수레에 맨 말. (馬 말 마)

임금님은 車駕(　　)를 타고 행차했어요.

정답 : 거가

車					

車魚之歎 거어지탄

수레와 고기가 없음을 탄식(歎息)한다는 뜻으로,
사람의 욕심에는 한(限)이 없음을 이르는 말이랍니다.

工	부수 : 工(장인공) 총 3획
	구멍을 뚫거나 다듬을 때 쓰는 자나 도구의 모양을 본떠 만들었기 때문에 일이나 관리라는 뜻도 돼요.

장인 공	一 丁 工
工事 공사	공장(工場)이나 토목(土木), 건축(建築) 등(等)에 관(關)한 일. (事 일 사)
工賃 공임	물품(物品)을 만드는 품삯. (賃 품팔이 임)

도시가 발전하면 工事(　　)도 많아져요.

정답 : 공사

工					

士農工商 사농공상

선비·농부(農夫)·공장(工匠)·상인(商人) 등(等)
네 가지 신분(身分)을 아울러 이르는 말이에요.

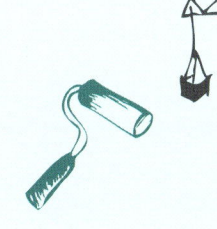

空	부수 : 穴(구멍혈) 총 8획
	도구(工)를 이용하여 판 구멍(穴)이 비었으니 빌 공이 되었어요.

빌 공	` ´ 宀 宀 宀 空 空 空

空氣 공기	지구(地球)의 표면(表面)을 둘러싸고 있는 무색(無色), 무취(無臭), 투명(透明)의 기체(氣體). (氣 기운 기)
空中 공중	하늘, 하늘 가운데, 중천(中天). (中 중간 중)

사람은 空氣(　　)가 없으면 살 수 없어요.

정답 : 공기

空				

空中樓閣 공중누각

'공중(空中)에 세워진 누각(樓閣)' 이란 뜻으로, 근거(根據) 또는 토대(土臺)가 없는 생각이나 사물(事物)을 이를 때 공중누각이라 말해요.

口	**부수 : 口(입구) 총 3획**
	사람의 입 모양을 본떠 만든 글자예요.

입구	ㅣ ㄇ 口
口腔 구강	입 안의 빈 곳. 곧 소화관(消化管)의 맨 앞 끝 부분(部分)으로 입에서 목구멍에 이르는 부분(部分). (腔 빈속 강)
口呼 구호	① 외침. ② 말로 부름. (呼 부를 호)

단체나 팀은 단결을 위해 口呼(　　)를 만들어서 사용해요.

정답 : 구호

口					

糊口之策 호구지책

'입에 풀칠하다' 라는 뜻으로,
겨우 먹고 살아가는 방책(方策)을 말해요.

부수 : 气(기운기) 총 10획

수증기(气)를 올려서 쌀(米)로 밥을 지어 먹으니 기운이 생겨요.

| 기운 기 | ノ 一 卜 气 气 气 気 気 氣 氣 |

氣力 기력 ① 일을 감당(堪當)해 나갈 수 있는 정신(精神)과 육체(肉體)의 힘. ② 압착(壓搾)한 공기(空氣)의 힘, 또는 원기(元氣). (力 힘 력)

氣分 기분 ① 마음에 생기는 유쾌(愉快)·불쾌(不快)·우울(憂鬱) 따위의 주관적(主觀的)이고 단순(單純)한 감정(感情) 상태(狀態). ② 분위기(雰圍氣). ③ 혈기(血氣)에 대한 원기(元氣). (分 나눌 분)

친구의 氣分(   )을 살피는 것도 분위기를 좋게 만드는 방법이에요.

정답 : 기분

氣				

氣盡脈盡 기진맥진

기운(氣運)이 없어지고 맥이 풀렸다는 뜻으로, 온몸의 힘이 다 빠져 버린 상태를 말해요.

記

부수 : 言(말씀언) 총 10획

말씀(言)을 바로잡아(己) 순서 있게 적는 게 기록이에요.

| 기록 기 | 一 亠 宀 言 言 訁 訁 記 記 |

記事 기사
① 사실(事實)을 적음, 또는 그런 글. ② 신문(新聞)이나 잡지(雜誌) 등(等)에 어떤 사실(事實)을 실어 알리는 글. (事 일 사)

記錄 기록
① 사실(事實)을 적은 서류(書類), 또는 사실(事實)을 적음. ② 운동(運動) 경기(競技) 등(等)의 성적(成績). ③ 사료(史料)로서의 일기(日記) 등(等)과 같은 자료(資料). (錄 적을 록)

記錄(　　)하는 습관을 기르는 것도 공부를 잘하는 방법 중 하나예요.

정답 : 기록

記					

記問之學 기문지학

단순(單純)히 책을 외기만 하고
제대로 이해(理解)하지 못한 학문(學問)을 말해요.

旗

부수 : 方(모방) 총 14획

사방으로 깃발(其)이 휘날리는 모양(𠂉)을 나타내요. 무서운 호랑이나 곰, 글자 등으로 구성된 대장 깃발이 많아요.

기 기

丶 亠 亍 方 方 圫 圫 旃 旂 旗

旗手 기수
① 기를 가지고 신호(信號)하는 일을 맡은 사람. ② 일반(一般) 행사(行事)나 군대(軍隊)에서 기를 들거나 받드는 사람.
(手 손 수)

旗號 기호
① 기(旗)의 표장(標章). ② 기(旗)의 신호(信號).
(號 이름 호)

체육대회의 旗手(　　)로는 누가 좋을까?

정답:기수

旗國主義 기국주의

공해(公海) 상(上)의 배나 항공기(航空機)는 달고 있는 국기(國旗)가 표시(表示)하는 나라만이 관할권(管轄權)을 갖는다는 국제법(國際法) 상(上)의 일반(一般) 원칙(原則)을 말해요.

男	부수 : 田(밭전) 총 7획
	밭(田)에서 힘(力)을 쓰는 사람이 남자였다고 해요.
사내 남	ㅣ 冂 日 田 田 男 男

男兒 남아	사내아이. (兒 아이 아)
男便 남편	아내의 배우자(配偶者). 혼인(婚姻)하여 사는 남자(男子)를, 그 아내를 기준(基準)으로 일컫는 말. (便 편할 편)

男兒(   )로 태어나서 하고 싶은 게 많아요.

정답 : 남아

男					

男兒須讀五車書 남아수독오거서

남자(男子)는 모름지기 다섯 수레에 실을 수 있을 만큼의 책을 읽어야 한다는 뜻이랍니다.

內

부수 : 入(들입) 총 4획

어느 범위 안(冂)으로 들어간다(入)는 의미와 안쪽을 뜻하는 의미가 있어요.

| 안내, 들일 납 | 丨 冂 内 内 |

内亂 내란 — 나라 안에서 정권(政權)을 차지하려고 싸움을 벌이는 난리(亂離)나 반란(叛亂).
(亂 어지러울 란)

内容品 내용품 — 속에 들어 있는 물품(物品).
(容 얼굴 용, 品 상품 품)

가방의 内容品(　　)을 보고 싶어요.

정답 : 내용품

內

内剛外柔 내강외유

겉으로 보기에는 유순(柔順)하지만
속마음은 단단하고 굳세다는 뜻이에요.
같은 뜻을 가진 한자어로 外柔内剛(외유내강)이 있어요.

農	부수 : 辰(별진) 총 13획
	별(辰)이 떠 있는 새벽부터 밭(田, 曲은 田의 변형이에요.) 에 나가서 일을 하니 농사를 짓는다는 뜻이 되지요.
농사 농	一 冂 曰 曲 曲 曲 芇 芇 芇 莀 農 農 農

農事 농사	논밭을 갈라 농작물(農作物)을 심어 가꾸고 거두어들이는 일. (事 일 사)
農村 농촌	농토(農土)를 끼고 농사(農事)를 짓는 사람들이 사는 마을. (村 마을 촌)

農村(　　)에 살면서 農事(　　)를 지어요.

정답 : 농촌, 농사

農						

農不失時 농불실시

농사(農事) 짓는 일은
때를 놓치지 말아야 한다는 뜻을 담고 있어요.

31

ㄷ

答

부수 : 竹(대죽) 총 12획

종이가 없던 시대에 대나무(竹), 즉 죽간에 적혀 있는 문제에 사람(人)이 하나(一)뿐인 입(口)으로 말하는 게 대답이에요.

대답 **답**

丿 𠂉 𠂉 𠂉 𥫗 𥫗 𥫗 答 答 答 答 答

答信 답신
회답(回答)의 통신(通信)이나 서신(書信).
(信 믿을 신)

答案 답안
① 시험(試驗) 문제(問題)의 해답(解答), 또는 해답(解答)을 쓴 종이.
(案 책상 안)

내가 보낸 편지에 答信(　　)을 보내 왔어요.

정답 : 답신

答

東問西答 동문서답

동쪽을 묻는 데
서쪽을 대답(對答)한다는 뜻으로,
묻는 말에 엉뚱한 대답(對答)을 하는 걸 뜻해요.

사과 좋아해?

날씨 좋아요~

부수 : 辶(책받침) 총 13획

사람 머리와 같이 사물의 끝에 있는 것(首)은 처음, 근거란 뜻을 나타내요. 그래서 한 줄로 쉬엄쉬엄 가는(辶) 길이니 도를 나타내지요.

| 길 도 | 丶 丷 䒑 䒑 䒑 芢 芢 首 首 首 道 道 |

道理 도리 — ① 사람이 마땅히 행(行)해야 할 바른 길. ② 사물(事物)의 정당(正當)한 이치(理致).
(理 다스릴 리(이))

道僧 도승 — 도(道)를 깨달은 승려(僧侶), 또는 도통한 승려(僧侶).
(僧 중 승)

사람의 道理(　)를 다하는 것이 좋아요.

정답:도리

道

道學君子 도학군자

도학(道學)을 닦아서 덕행(德行)이 높은 사람을 말해요.

부수 : 口(입구) 총 6획

여러 사람(冂)의 말(口)이 하나(一)로 모인다는 뜻이 합하여 '같다'를 뜻해요.

| 한가지 동 | 丨 冂 冂 同 同 |

同伴 동반	① 데리고 함께 다님. ② 길을 같이 감. (伴 벗 반)
同業 동업	① 같은 종류(種類)의 직업(職業)이나 영업(營業). ② 영업(營業)을 두 사람 이상(以上)이 공동(共同)으로 경영(經營)함. (業 업 업)

아버지는 同業(   )으로 회사를 운영해요.

정답 : 동업

同

同名異人 동명이인

이름은 같으나 사람이 다르거나 그러한 사람을 말하지요.

冬	부수: 冫(이수변) 총 5획
	고드름이나 얼음(冫)이 어는 마지막(夂) 계절이 바로 겨울이에요.
겨울 동	ノ ク 夂 冬 冬

冬眠 동면	일부(一部)의 동물(動物)이 겨울 동안 활동(活動)을 중지(中止)하고 땅 속이나 물속에서 잠을 자듯이 의식(意識)이 없는 상태(狀態)로 지내는 일. 겨울잠. (眠 잠잘 면)
冬鳥 동조	겨울새. (鳥 새 조)

개구리는 겨울에 冬眠(   )을 해요.

정답:동면

冬				

冬將軍 동장군

'겨울' 의 딴이름.
인간(人間)이 대항(對抗)할 수 없을 만한 겨울의 위력(威力)을 인격화(人格化)하여 일컫는 말이에요.

洞

부수 : 氵(삼수변) 총 9획

물(氵=水=氺)이 흐르는 곳에 여러 사람(冂)의 말(口)이 하나(一)로 모이니 마을이 돼요.

| 마을**동**, 밝을**통** | 丶 氵 氵 汀 洞 洞 洞 |

洞窟 동굴 — 깊고 넓은 굴.
(窟 동굴 굴)

洞察 통찰 — ①환히 내다봄. ②꿰뚫어 봄.
(察 살필 찰)

깊고 넓은 洞窟(　　)이 석회암 지대에 많아요.

정답 : 동굴

洞

無虎洞中 무호동중

범 없는 골에 이리가 범 노릇 한다는 뜻으로,
높은 사람이 없는 곳에서 보잘것없는 사람이 잘난 체 함을 두고 이르는 말이에요.

動

부수 : 力(힘력) 총 11획

사람이 무거운 짐을 짊어지고(重) 힘(力)으로 들어 올리니 물건이 움직이겠죠.

움직일 **동**

丿 一 ㄣ 亡 亡 岙 旨 重 重 動 動

動亂 동란
폭동(暴動), 전쟁(戰爭), 반란(叛亂) 등(等)으로 사회(社會)가 질서(秩序) 없이 소란(騷亂)해지는 일, 전란(戰亂).
(亂 어지러울 란)

動作 동작
어떤 일을 하기 위(爲)해서 몸을 움직이는 일, 또는 그 움직임.
(作 만들 작)

체육 시간에는 動作(　　)을 정확하게 하는 게 좋아요.

정답 : 동작

動					

動天驚地 동천경지

하늘을 움직이게 하고 땅을 놀라게 한다는 뜻으로, 세상(世上)을 놀라게 함을 이르는 말이에요.

부수 : 癶(필발머리) 총 12획

제사에 쓸 그릇(豆)을 발을 들어올려(癶) 높은 곳에 올려 놓는다는 뜻이 합하여 오를 등이 됐어요.

오를 등	ノ 𠂉 癶 癶 癶 登 登 登

登板 등판	야구(野球)에서, 투수(投手)가 마운드에 서는 일, 투수(投手)로서 출장(出場)하는 일. (板 널빤지 판)
登場 등장	소설(小說)·영화(映畫) 또는 무대(舞臺) 등에 나옴. 또는 무슨 일에 어떠한 사람이 나타나거나 새로운 제품(製品) 등이 세상(世上)에 처음으로 나옴. (場 마당 장)

오늘 경기에는 내가 좋아하는 투수가 登板(   )했어요.

정답 : 등판

登				

登高自卑 등고자비

'높은 곳에 올라가려면 낮은 곳에서부터 오른다' 는 뜻으로, 일을 하는 데는 반드시 차례(次例)를 밟아야 한다는 것을 말해요. 천 리 길도 한 걸음부터라는 말도 있어요.

來

부수 : 人(사람인) 총 8획

보리의 모양을 나타낸 글자예요. 옛날 중국말에 '보리'와 '오다'란 음이 같아서 빌려 썼다고 해요.

올 래(내)

一 厂 厂 厂 厂 厂 來 來 來

來日 내일 — 오늘의 바로 다음날. 명일(明日), 명천(明天), 이튿날.
(日 날 일)

未來 미래 — 아직 오지 않은 때.
(未 아닐 미)

나의 未來(　　)를 생각하며 우선순위를 정해야 해요.

정답 : 미래

來

苦盡甘來 고진감래

'쓴 것이 다하면 단 것이 온다'라는 뜻으로,
고생(苦生) 끝에 낙이 온다는 뜻을 담고 있어요.

力	부수 : 力(힘력) 총 2획
	팔에 힘을 주었을 때 근육이 불거진 모양을 본떠 만들었어요.

힘 력(역)	ㄱ 力

努力 노력	① 힘을 씀, 힘을 다함. ② 어떤 일을 이루기 위해 어려움이나 괴로움 등을 이겨 내면서 애쓰거나 힘쓰는 것. (努 노력 노)
體力 체력	① 몸의 힘. ② 몸의 작업(作業) 능력(能力). ③ 몸의 저항(抵抗) 능력(能力). (體 몸 체)

體力(   )이 국력이에요.

정답 : 체력

力					

力拔山氣蓋世 역발산기개세

산을 뽑고, 세상(世上)을 덮을 만한 기상(氣像), 또는 아주 뛰어난 기운(氣運)이나 놀라운 기상(氣像)을 일컫는 말이에요.

老

부수 : 老(늙을로) 총 6획

허리가 굽은 노인이 지팡이를 짚고 서 있는 모양을 본떠 만들었어요.

| 늙을 로(노) | 一 十 土 耂 耂 老 |

敬老 경로 — 노인(老人)을 공경(恭敬)함.
(敬 공경 경)

老人 노인 — 나이가 많은 사람. 늙은이, 늙은 분.
(人 사람 인)

우리 동네에는 인자한 老人(　　)이 많아요.

정답 : 노인

老

百年偕老 백년해로

부부(夫婦)가 서로 사이좋고
화평(和平)하고 즐겁게
같이 늙음을 이르는 말이에요.

里	부수 : 里(마을리) 총 7획
	밭(田)이 있고 흙(土)이 있는 곳이니 마을이지요. 거리의 단위로도 사용해요.

마을 리	ㅣ 冂 冂 日 日 甲 里

里長 이장	시골 동리에서 공중(公衆)의 일을 맡아보는 사람. (長 긴 장)
洞里 동리	① 마을. ② 지방(地方) 행정(行政) 구역(區域)인 동(洞)과 리(里)의 총칭(總稱). (洞 골 동)

아랫마을 里長(　　)은 일을 잘해서 칭찬이 자자해요.

정답:이장

里					

一瀉千里 일사천리

강물이 쏟아져 단번에 천리를 간다는 뜻으로, 조금도 거침없이 빨리 진행(進行)됨이나 문장(文章)이나 글이 명쾌(明快)함을 뜻해요.

林	부수 : 木(나무목) 총 8획
	나무(木)와 나무(木)가 겹쳐 있으니 나무가 많은 숲을 뜻해요.
수풀 림(임)	一 十 才 オ 木 札 材 林

林野 임야	나무가 무성(茂盛)한 들. (野 들 야)
松林 송림	소나무 숲. (松 솔 송)

해변을 따라 松林(　　)이 울창하게 우거져 있어요.

정답 : 송림

林					

山林處士 산림처사

벼슬이나 속세(俗世)를 떠나 산골이나 시골에 파묻혀 글 읽기를 즐기며 지내는 선비를 산림처사라 불러요.

부수 : 立(설립) 총 5획

사람이 두 다리로 땅 위에 서 있는 모양을 본떠 만든 글자예요.

| 설 립(입) | 丶 亠 六 立 立 |

立春 입춘 — 대한과 우수(雨水) 사이에 있으며, 양력(陽曆) 2월 4일이나 5일이 됨. 이때부터 봄이 시작(始作)됨.
(春 봄 춘)

自立 자립 — ① 스스로의 힘으로 생계(生計)를 유지(維持)함. ② 얽매임이 없이 스스로의 지위(地位)에 섬.
(自 스스로 자)

남에게 의존하지 않고 살아가는 것이 경제적인 自立(　　)이에요.

정답 : 자립

立

立身揚名 입신양명

사회적(社會的)으로 인정(認定)을 받고 출세(出世)하여 이름을 세상(世上)에 드날림이란 뜻으로 후세(後世)에 이름을 떨쳐 부모(父母)를 영광(榮光)되게 해 드린다는 뜻이에요.

每

부수 : 毋(말무) 총 7획

어린아이(人)가 어머니(母)의 젖을 매번 먹는다는 뜻이 합하여 매양, 늘이라는 뜻이 돼요.

| 매양 매 | ′ ⺊ ⺊ 亇 毎 毎 毎 |

每事 매사 — 모든 일.
(事 일 사)

每日 매일 — 각각의 개별적인 나날. 일일(日日)
(日 날 일)

每事( )에 철두철미한 사람은 신뢰를 준답니다.

정답 : 매사

每

父母出入每必起立 부모출입매필기립

부모(父母)님께서 나가시거나 들어오시면
매양 반드시 일어나서 곧게 서야 한다는 뜻이에요.

面	부수 : 面(낯면) 총 9획
	사람의 얼굴을 정면에서 본 윤곽과 이마와 콧등을 나타내지요. 행정 구역 단위로도 사용돼요.

낯**면**, 고을**면**　一ナ丆丙而而面面面

面接 면접　① 얼굴을 마주 대함. ② 직접(直接) 만남. ③ '면접시험(試驗)'의 준말.
(接 이을 접)

正面 정면　① 똑바로 마주 보이는 면. ② 에두르지 않고 직접(直接) 마주 대함.
(正 바를 정)

正面(　　)에 보이는 건물이 바로 도서관이야.

정답 : 정면

面

四面楚歌 사면초가

사방(四方)에서 들리는 초(楚)나라의 노래라는 뜻으로,
적에게 둘러싸인 상태(狀態)나 누구의 도움도 받을 수 없는
고립(孤立) 상태(狀態)에 빠짐을 이르는 말이에요.

名	부수 : 口(입구) 총 6획
	저녁(夕)이 되어 어둑어둑해지면 입(口)으로 자기 이름을 말해야 알 수 있어요.
이름 명	ノクタ夕名名

名分 명분	명목(名目)이 구별(區別)된 대로 그 사이에 반드시 지켜야 할 도리(道理)나 분수(分數). (分 나눌 분)
姓名 성명	성과 이름. (姓 성씨 성)

名分(　　) 없는 싸움은 대중의 지지를 받을 수 없어요.

정답 : 명분

名					

虎死留皮人死留名 호사유피인사유명

호랑이는 죽어서 가죽을 남기고,
사람은 죽어서 이름을 남긴다는 뜻으로,
사람은 죽어서 명예를 남겨야 함을 이르는 말이에요.

命	부수 : 口(입구) 총 8획
	입(口)으로 뜻을 전한다(令)는 뜻으로, 임금의 명령은 목숨과 같다는 뜻이에요.
목숨 명	ノ 人 人 人 合 合 命 命

命令 명령	윗사람이 아랫사람에게 무엇을 하도록 시킴. (令 하여금 령(영))
生命 생명	① 목숨. ② 사물(事物)의 존립(存立)에 관계(關係)되는 중요(重要)한 것. (生 날 생)

재판은 공정성과 정확성이 生命(　　)이에요.

정답 : 생명

命					

佳人薄命 가인박명

아름다운 사람은 명이 짧다는 뜻으로, 여자(女子)의 용모(容貌)가 너무 아름다우면 운명(運命)이 기박(棋博)하고 명이 짧다는 것을 말해요. 미인박명(美人薄命)도 같은 뜻이랍니다.

文	부수 : 文(글월문) 총 4획
	사람 몸에 ×모양의 무늬로 문신을 한 것을 본떠 만들었어요. 옛날에는 문신도 글자였다고 해요.
글월 문, 무늬 문	丶 一 ナ 文

文治 문치	학문(學問)의 덕을 숭상(崇尙)하여 학문(學問)과 법령(法令)으로써 다스리는 정치(政治). (治 다스릴 치)
文化 문화	일정한 목적(目的) 또는 생활 이상을 실현하고자 사회(社會) 구성원(構成員)에 의하여 습득, 공유, 전달되는 행동 양식(樣式)이나 생활 양식(樣式)의 과정 및 그 과정에서 이룩하여 낸 물질적·정신적 소득을 통틀어 이르는 말. (化 될 화)

우리 조상들은 찬란한 文化(   )를 꽃피웠어요.

정답 : 문화

文					

三人文殊 삼인문수

평범(平凡)한 인간(人間)이라도 세 사람이 모여서
의논(議論)하면, 지혜를 다스리는 문수보살(文殊菩薩)과 같은
좋은 생각이 떠오른다는 말이에요.

問	부수 : 口(입구) 총 11획
	대문(門) 앞에서 남의 안부를 묻거나(口) 죄인에게 따져 물으니 묻는 것을 나타내지요.

물을 문	1 ｒ ｆ ｆ ｆ ｆ¹ 門 門 門 問 問

問安 문안 — 웃어른에게 안부(安否)를 여쭘.
(安 편안 안)

問答 문답 — 물음과 대답(對答).
(答 대답 답)

어른에게 問安(　　) 인사를 드렸어요.

정답 : 문안

問					

東問西答 동문서답

동쪽을 묻는 데 서쪽을 대답(對答)한다는 뜻으로, 묻는 말에 대(對)하여 전혀 엉뚱한 대답(對答)을 할 때를 말해요. 같은 뜻을 가진 한자어(유의어)로 問東答西(문동답서)가 있어요.

物

부수 : 牛(소우) 총 8획

옛날부터 소(牛)는 중요한 재물이었어요. 그래서 깃발(勿)을 휘날릴 만큼 소중한 물건이었다고 해요.

| 물건 물, 만물 물 | ', 스 스 스 牛 牛 牝 物 物 |

物件 물건 — 사람이 필요(必要)에 따라 만들어 내거나 가공(加工)하여 어떤 목적(目的)으로 이용(利用)하는 들고 다닐 만한 크기의 일정(一定)한 형태(形態)를 가진 대상(對象). 물품(物品). (件 물건 건)

植物 식물 — 온갖 나무와 풀의 총칭(總稱). 반대어로 動物(동물). (植 심을 식)

사용한 物件(　　)을 제자리에 두면 다음에 사용할 때 편리해요.

정답 : 물건

物

見物生心 견물생심

물건(物件)을 보면 욕심(慾心)이 생긴다는 뜻이에요.
그래서 옛 선인들이 이를 경계하라 일렀어요.

부수: 方(모방) 총 4획

양쪽에 손잡이가 달린 쟁기의 모양을 본떠 만들었어요.

모방, 본뜰방, 괴물망 　 `一亠方

方法 방법	① 일이나 연구(研究) 등을 해 나가는 길이나 수단(手段). ② 일정(一定)한 목적(目的)을 이루기 위하여 취하는 솜씨. (法 법 법)
四方 사방	방위(方位). 곧 동(東), 서(西), 남(南), 북(北)의 총칭(總稱). (四 넉 사)

내게 닥친 어려움을 벗어날 方法(　　)으로 무엇이 있을까?

정답: 방법

方

八方美人 팔방미인

① 아름다운 미인(美人). ② 누구에게나 두루 곱게 보이는 방법(方法)으로 처세(處世)하는 사람. ③ 여러 방면(方面)의 일에 능통(能通)한 사람. ④ 아무 일에나 조금씩 손대는 사람 등을 말해요.

부수 : 白(흰백) 총 6획

하나(一)부터 100까지 숫자를 세어서 밝게(白)한다는 뜻을 담아 백을 나타내요.

| 일백 백 | 一 一 丆 百 百 百 |

百勝 백승 — 언제든지 이김.
(勝 이길 승)

百態 백태 — 온갖 자태(姿態).
(態 모습 태)

자기 자신과 상대를 알고 싸우는 사람은 싸우는 족족 이기니 百勝(　　) 할 수밖에 없어요.

정답 : 백승

百

百害無益 백해무익

해(害)롭기만 하고 하나도 이로울 것이 없을 때 사용하는 말이에요.

부수 : 大(큰대) 총 4획

머리에 상투를 튼(ㅗ) 큰 사람(大)이 바로 대장부이고 남편이지요.

| 지아비 부 | ー 二 ≠ 夫 |

夫婦 부부
남편(男便)과 아내.
(婦 아내 부)

工夫 공부
학문(學問)이나 기술(技術)을 닦는 일.
(工 장인 공)

나의 지식을 넓히고 수준을 높이기 위해서는 일생 동안 工夫(　　)하는 자세를 가지는 게 좋아요.

정답 : 공부

夫

夫唱婦隨 부창부수

남편(男便)이 주장(主將)하고 아내가 이에 따름. 가정(家庭)에서의 부부(夫婦) 화합(和合)의 도리(道理)를 이르는 말이에요.

부수 : 一(한일) 총 4획

새가 날아 올라가서 내려오지 않음을 본떠 만든 글자예요.

| 아니 불, 아닐 부 | 一 ァ ㄱ 不 |

不幸 불행 ① 행복(幸福)하지 못함. ② 일이 순조(順調)롭지 못하고 탈이 많음.
(幸 행복 행)

不足 부족 ① 필요(必要)한 양이나 한계(限界)에 미치지 못하고 모자람. 넉넉하지 못함. ② 만족(滿足)하지 않음. 마음에 차지 않음.
(足 발 족)

넘치는 것보다는 조금 不足(　)한 편이 성장에는 도움이 돼요.

정답 : 부족

不

過猶不及 과유불급

모든 사물(事物)이 정도(程度)를 지나치면 미치지 못한 것과 같다는 뜻으로, 중용(中庸)이 중요(重要)하다는 것을 말하고 있어요.

事

부수 : 亅(갈고리궐) 총 8획

깃발을 단 깃대를 손으로 세우고 있는 모양을 본떠 만든 글자로 역사의 기록을 일삼아 한다고 해서 일을 뜻해요.

일사

一 ㄱ ㄱㄱ ㄱㄱㄱ 亘 亘 亘 事

事典 사전 — 여러 가지 사항(事項)을 모아 일정한 순서로 배열하고 그 각각에 해설(解說)을 붙인 책(册).
(典 법 전)

事後 사후 — 일이 끝난 뒤나 일을 끝낸 뒤.
(後 뒤 후)

사건이 발생하면 진상 파악과 事後(　　) 대책을 마련해야 한답니다.

정답 : 사후

事

事必歸正 사필귀정

처음에는 시비(是非) 곡직(曲直)을 가리지 못하여 그릇되더라도
모든 일은 결국에 가서는 반드시 정리(正理),
즉 바른 도리로 돌아감을 뜻해요.

算

부수 : 竹(대죽) 총 14획

대나무(竹)를 갖추어(具)서 손으로 헤아려 센다는 뜻이 합하여 셈하다가 돼요.

셀산, 셈산	⺮ ⺮ 笂 筲 筲 算 算

算定 산정   셈하여 정(定)함.
(定 정할 정)

算出 산출   어떤 수치(數値)를 계산(計算)하여 냄.
(出 날 출)

기말고사 성적을 算出(　　)하느라 선생님이 무척 바빠요.

정답 : 산출

算

算無遺策 산무유책

계책(計策)에 빈틈이 조금도 없음을 말해요.

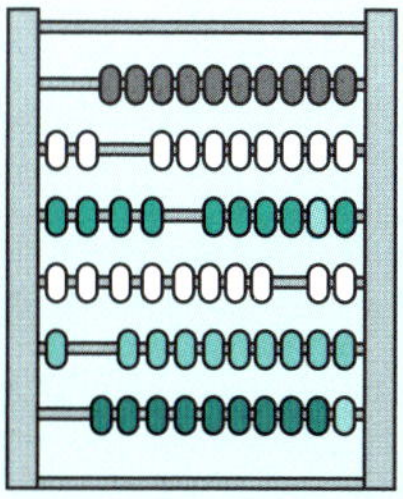

부수 : 一(한일) 총3획

기준선(一)보다 높은 위치에 물건(卜)이 있으니 위가 되지요.

| 위 상 | ㅣ ㅏ 上 |

上京 상경 — 시골에서 서울로 올라옴.
(京 서울 경)

上告 상고 — ① 윗사람에게 알림. ② 민사소송법(民事訴訟法) 상으로는 종국(終局) 판결(判決)에 대한 법률심(法律審)에의 상소(上訴).
(告 알릴 고)

어제 시골에서 삼촌이 上京(　　)했어요.

정답 : 상경

上

沙上樓閣 사상누각

모래 위에 세운 다락집이라는 뜻으로, 기초(基礎)가 약하여 무너질 염려(念慮)가 있을 때나 실현(實現) 불가능한 일을 두고 이르는 말이에요.

부수 : 色(빛색) 총 6획

사람(人)의 마음과 안색은 무릎을 꿇은 모양(卩=巴)과 일치한다는 데서 '안색', '빛깔'을 뜻해요.

| 빛 색 | ノ ᄼ ᄽ ᄾ 凸 色 |

色感 색감
빛깔에서 받는 느낌, 또는 색채(色彩)의 감각(感覺).
(感 느낄 감)

色素 색소
물체(物體)의 색의 본질(本質), 또는 물체(物體)에 빛깔을 나타내게 하는 염료(染料) 등의 성분(成分).
(素 본디 소)

이 그림은 色感(   )이 뛰어나서 어디에나 어울려요.

정답 : 색감

色如削瓜 색여삭과

안색(顔色)이 깎은 오이와 같이 창백(蒼白)함을 이르는 말이에요.

59

부수 : 夕(저녁석) 총 3획

달 월(月)에서 한 획을 줄여서 저녁을 나타내요.

| 저녁 석 | ノ ク 夕 |

秋夕 추석 — 우리나라 명절(名節)의 하나, 음력(陰曆) 8월 보름. 중추절(中秋節), 한가위.
(秋 가을 추)

夕刊 석간 — 저녁에 발행(發行)된 신문(新聞).
(刊 새길 간)

秋夕(　　)에는 온 가족이 모여서 동산에 뜬 달을 구경해요.

정답 : 추석

夕

朝變夕改 조변석개

아침, 저녁으로 뜯어고친다는 뜻으로,
계획(計劃)이나 결정(決定) 따위를
자주 바꾸는 것을 말해요.

姓	부수 : 女(여자녀) 총 8획
	여자(女)에게 태어난(生) 같은 혈족에게 성이 부여되는 거랍니다.
성 성	ㄣ ㄣ ㄣ 女 女 姓 姓

姓名 성명	성과 이름. (名 이름 명)
百姓 백성	나라의 근본을 이루는 일반(一般) 국민(國民). (百 일백 백)

百姓(　　)은 나라의 근본이요, 근본이 굳건해야 나라가 편안하답니다.

정답 : 백성

姓					

同姓同本 동성동본

성(姓)도 같고 본(本)도 같다는 뜻으로 쓰이는 말이에요.

世	부수 : 一(한일) 총 5획
	세 개의 십(十)을 이어서 삼십 년을 뜻하며, 삼십 년을 한 세대라고 해요.

대 세	一 十 卅 世 世
世上 세상	① 사람이 살고 있는 모든 사회(社會)를 통틀어 이르는 말. ② 한 사람이 태어나서 죽을 때까지의 동안. (上 윗 상)
世子 세자	왕의 자리를 이을 왕자(王子). 왕세자(王世子). (子 아들 자)

이 世上(　　)은 우리가 상상한 것보다 훨씬 더 다양하고 복잡해요.

정답 : 세상

世					

世上萬事 세상만사

세상(世上)에서 일어나는 모든 일을 말해요.

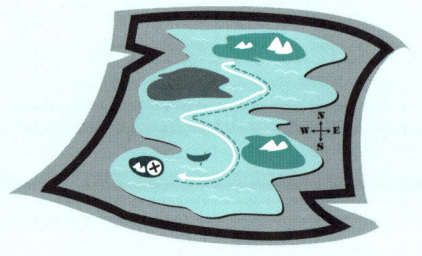

부수 : 小(작을소) 총 4획

작은(小) 물체의 일부분이 떨어져 나가 적어지는 모양을 본떠 만들었으며, '적다'를 뜻해요.

| 적을 소 | ﹅ 亅 小 少 |

| 少女 소녀 | 완전(完全)히 성숙(成熟)하지 않고 아주 어리지도 않은 여자(女子) 아이.
(女 여자 녀) |
| 少年 소년 | 완전(完全)히 성숙(成熟)하지 않고 아주 어리지도 않은 사내 아이.
(年 해 년) |

少年(　　), 少女(　　)를 만나다.

정답 : 소년, 소녀

少

少年易老學難成 소년이로학난성

소년(少年)은 늙기 쉬우나 학문(學問)을 이루기는 어렵다는 말로 세월은 빠르고 일은 이루기 어렵다는 것을 나타낼 때 사용해요.

所

부수 : 戶(지게호) 총 8획

도끼(斤)로 찍은 그 곳이라는 뜻이 합하여 '곳'을 뜻해요.

| 바 소 | ` ㅏ ㅑ ㅌ ㅌ 所 所 所 |

所感 소감
특별(特別)한 일, 특히 기쁜 일이나 뜻깊은 일을 겪고 난 뒤 마음에 느낀 바 또는, 느낀 바의 생각.
(感 느낄 감)

所出 소출
일정(一定)한 논밭에서 나는 곡식(穀食), 또는 그 곡식의 양(量).
(出 날 출)

사회자가 所感(   )을 발표하도록 기회를 주었어요.

정답 : 소감

所

所願成就 소원성취

원하던 바를 이루거나 이루어 내는 것을 말해요.

부수 : 手(손수) 총 4획

다섯 손가락을 편 모양을 본떠 만든 글자예요.

| 손수 | ノ 二 三 手 |

手動 수동 — 손으로 움직임.
(動 움직일 동)

手才 수재 — 학문(學問), 지능(知能)이 뛰어난 사람.
(才 재주 재)

우리 반에는 手才(　　)가 많아요.

정답 : 수재

手

手足之愛 수족지애

손과 발의 사랑이라는 뜻으로,
손발 같은 형제간의 우애(友愛)를
비유하여 이르는 말이에요.

부수 : 攵(등글월문) 총 15획

여자(女子)가 머리 위에 물건을 넣은 자루(貴)를 이어 나르는 일을 하면(攵)서 손으로 셈을 했으니 숫자를 세다를 나타내요.

셀 수	口 吅 日 吕 咠 曲 婁 婁 婁 數 數

數量 수량	수효(數爻)와 분량(分量). (量 헤아릴 량)
數學 수학	수(數), 양(量) 및 공간(空間)의 도형(圖形)에 있어서의 여러 관계(關係)에 관(關)하여 연구(研究)하는 학문(學問). 산수(算數). (學 배울 학)

세관에서는 물품의 내용과 數量(　　)에 따라 관세를 책정해요.

정답 : 수량

數				

數間草屋 수간초옥

몇 간 되지 않는 매우 작은 초가, 즉 오두막집을 뜻해요.

부수 : 巾(수건건) 총 5획

옷(巾)을 차려 입고 장보러 간다(之)는 뜻을 합하여 저잣거리, 시장을 나타내요.

| 저자 시 | 丶 亠 宀 㐁 市 |

市場 시장 — 도회지(都會地)에서 날마다 서는 물건(物件)을 사고파는 곳. 일용품(日用品), 식료품(食料品) 따위를 한곳에 모아 파는 곳.
(場 마당 장)

市廳 시청 — 시(市)의 행정(行政) 사무(事務)를 맡아보는 기관, 또는 그 청사(廳舍).
(廳 관청 청)

친구 아버지는 市廳(　　)에서 일하는 공무원입니다.

정답 : 시청

市

市虎三傳 시호삼전

사실(事實)이 아닌 것이라도 많은 사람들이 말을 하면 듣는 사람도 언젠가는 진실로 믿고 따르게 된다는 말이에요. 즉, 거짓말도 반복하면 진실이 된다는 뜻이니 삼가야 해요.

時	부수 : 日(날일) 총 10획
	태양(日)이 일정한 규칙(寺)에 의해 움직이니 때를 나타내지요.
때 시	丨 冂 日 日 日⁻ 日⁺ 旷 旷 時 時

時空 시공	시간(時間)과 공간(空間). (空 빌 공)
時論 시론	한 시대(時代)의 여론(輿論). 그때그때 일어나는 시사(時事)에 대(對)한 평론(評論)이나 의논(議論). (論 논할 론)

時空(　　)을 초월한 사랑 이야기가 전해오고 있어요.

정답 : 시공

時				

時機尚早 시기상조

오히려 때가 이르다는 뜻으로,
아직 때가 되지 않음을 이르는 말이에요.

食

부수 : 食(밥식) 총 9획

사람(人)이 살아가기 위해 좋아하며(良) 즐겨먹는 음식이 바로 '밥' 이에요.

| 밥 식, 먹이 사 | 人 人 今 今 今 食 食 |

食口 식구 — 한 집안에서 같이 살면서 끼니를 함께 먹는 사람.
(口 입구)

食堂 식당 — 음식(飮食)만을 먹는 방(房), 또는 간단(簡單)한 음식(飮食)을 파는 집.
(堂 집당)

우리 가족이 자주 가는 食堂(   )은 요리도 맛있지만 무엇보다 친절해서 좋아요.

정답 : 식당

食

東家食西家宿 동가식서가숙

동쪽 집에서 먹고 서쪽 집에서 잔다는 뜻으로 먹을 곳, 잘 곳이 없어 떠돌아다니며 이집 저집에서 얻어먹고 지내는 일, 또는 그러한 사람을 비유해서 이르는 말이에요.

植

부수 : 木(나무목) 총 12획

나무(木)를 곧게(直) 세워 땅에 심는다는 뜻이에요.

| 심을 식 | 一 十 才 木 朮 朮 柿 柿 柿 植 植 植 |

植木 식목 — 나무를 심음.
(木 나무 목)

植木日 식목일 — 나무를 아껴 가꾸고 많이 심기를 권장(勸獎)할 목적(目的)으로 제정(制定)된 날.
(木 나무 목, 日 날 일)

4월 5일은 植木日(　　　)이랍니다.

정답 : 식목일

植

孤根弱植 고근약식

일가(一家) 친척(親戚)이나 뒤에서 지원(支援)해 주는 사람이 거의 없는 외로운 사람을 비유해서 이르는 말이에요.

心	부수 : 心(마음심) 총 4획
	사람의 심장 모양을 본떠 만들었으니 마음을 나타내요.
마음 심	ˋ 心 心 心

心志 심지	마음에 품은 뜻. (志 뜻 지)
心神 심신	마음과 정신(精神). (神 귀신 신)

心神(　　)이 건강한 사회 구성원이 건강한 나라를 만들어요.

정답 : 심신

心				

心機一轉 심기일전

어떠한 동기(動機)에 의하여 이제까지 먹었던 마음을 완전히 바꾸는 것을 심기일전이라 해요.

安

부수 : 宀(갓머리) 총 6획

집 안(宀)에 여자(女)가 있으니 편안하다고 생각했데요.

| 편안할 안 | 丶 丷 宀 <i>宁</i> 安 安 |

安定 안정
일이나 마음이 평안(平安)하게 정(定)하여짐. 흔들리지 않고 안전(安全)하게 자리가 잡힘.
(定 정할 정)

安寧 안녕
걱정이나 탈이 없음. 또는 몸이 건강(健康)하고 마음이 편안(便安)함.
(寧 안녕 녕)

전학 온 친구가 우리 학교에 적응하여 安定(   )을 찾도록 도와주세요.

정답 : 안정

安

安分知足 안분지족

자기(自己) 분수(分數)에 만족(滿足)하여
다른 데 마음을 두지 않고 편안하게
지낸다는 뜻이에요.

語

부수 : 言(말씀언) 총 14획

서로 말(言)을 주고받으며(吾) 이야기하니 말씀이 되지요.

| 말씀어 | ` ⺀ ⺊ 言 言 言 言 訁 訐 語 語 語 語 語 |

語學 어학
언어(言語)에 대해 연구(研究)하는 학문(學問).
(學 배울 학)

語錄 어록
훌륭한 학자(學者)나 지도자(指導者)들이 한 말을 간추려 모은 기록(記錄).
(錄 적을 록)

지금은 글로벌 시대이기 때문에 語學(   )에 관심을 가지는 게 좋아요.

정답 : 어학

語

語不成說 어불성설

말이 하나의 일관(一貫)된 논의(論議)로 되지 못함.
즉, 말이 이치(理致)에 맞지 않음을 뜻해요.

然	**부수 : 灬(연화발) 총 12획**
	개(犬) 고기(月=肉)를 불(火)에 구워 먹어야 하는 것은 당연하다는 뜻이에요.
그럴 연, 불탈 연	ク 夕 夕 夶 狱 然 然

然則 연즉	그런즉, 그러면. (則 곧 즉, 법칙 칙)
然後 연후	그러한 뒤. (後 뒤 후)

모든 준비가 다 된 然後(　)에 일을 시작하는 거죠.

정답 : 연후

然				

然後之事 연후지사

끝난 뒤의 일, 또는 그런 뒤의 일을 말해요.

74

午	부수: 十(열십) 총 4획 똑바로 세운 절굿공이 막대를 꽂아 한낮임을 알았다는 데서 낮을 뜻해요. 십이지의 일곱째 글자이기도 하지요.
낮 오, 일곱째 지지 오	ノ ⺊ ㇿ 午

午前 오전 — 자정으로부터 낮 열두 시까지의 동안.
(前 앞 전)

午睡 오수 — 낮잠. 낮에 자는 잠.
(睡 졸음 수)

고양이가 따뜻한 햇살 아래서 납작 엎드려 午睡(　　)를 즐겨요.

정답: 오수

午					

午後閑良 오후한량

배가 출출한 즈음에 함부로 먹어대는 행동을 말해요.

부수 : 口(입구) 총 5획

식사할 때 밥을 먹는(口) 손(又)이니 바로 오른쪽을 나타내요.

| 오른쪽 우 | ノ ナ 才 右 右 |

右側 우측 — 오른쪽.
(側 곁 측)

右舷 우현 — 오른쪽의 뱃전.
(舷 뱃전 현)

바람이 불어오니 배를 右舷(   )으로 돌려라.

정답 : 우현

左之右之 좌지우지

왼쪽으로 돌렸다 오른쪽으로 돌렸다 한다는 뜻으로, 사람이 어떤 일이나 대상(對象)을 제 마음대로 처리(處理)하거나 다루는 것을 말해요.

有	부수: 月(달월) 총6획
	손(又)에 고기(肉=月)를 가지고 있으니 뭔가가 있다는 것을 뜻해요.
있을 유	ノ ナ オ 冇 有 有

有功 유공	공로(功勞)가 있음. (功 공로 공)
有害 유해	해가 있음. 해로움. (害 해칠 해)

할아버지는 국가 발전에 기여한 有功(　　) 을 인정받아 대통령 표창을 받았어요.

정답: 유공

有					

有口無言 유구무언

입은 있어도 말은 없다는 뜻으로, 변명(辨明)할 말이 없거나 변명을 못함을 이르는 말이에요.

育

부수 : 月(육달월) 총 8획

갓난아이를 잘 보살피고 기르(月=肉)니 기를 육이 돼요.

기를 육

亠 六 六 产 育 育 育

育成 육성   어떤 종류(種類)나 무리의 사람을 가르쳐서 기르거나 어떤 품종(品種)의 동물(動物)이나 식물(植物)을 길러 자라게 하는 것. (成 이룰 성)

育兒 육아   어린아이를 기름.
(兒 아이 아)

育兒( ) 문제로 고민하는 맞벌이 가정이 많아요.

정답 : 육아

育

父生我身母育吾身 부생아신모육오신

아버지는 내 몸을 낳으시고
어머니는 내 몸을 기르셨다는
사자소학의 첫 구절이랍니다.

邑

부수 : 邑(고을읍) 총 7획

나라(口)에는 크고 작은 고을들이 많아요.

| 고을 읍 | 丶 口 口 号 吊 吊 邑 |

邑圖 읍도 — 한 읍의 지도(地圖).
(圖 그림 도)

邑民 읍민 — 읍내(邑內)에 사는 사람.
(民 백성 민)

邑民(　　)이 합심하여 태풍 피해를 복구를 했답니다.

정답 : 읍민

邑

邑各不同 읍각부동

읍(邑)마다 규칙(規則)이나 풍속(風俗)이 같지 아니하다는 뜻으로, 사람마다 의견(意見)이 서로 같지 않음을 이르는 말이에요.

入	부수 : 入(들입) 총 2획
	굴이나 토담집 등에 들어가는 모양을 본떠 만들었어요.
들입	ノ 入

入學 입학 — 학교(學校)에 들어감.
(學 배울 학)

入社 입사 — 회사(會社)에 취직(就職)하여 들어감.
(社 모일 사)

올해 삼촌이 대학을 졸업하고 원하는 직장에 入社(　　)했어요.

정답 : 입사

入				

入耳出口 입이출구

들은 바를 곧장 남에게 말하거나
남의 말을 제 주견(主見)인 양
그대로 옮기는 것을 비유해요.

80

自	부수 : 自(스스로자) 총 6획
	사람의 코 모양을 본뜬 글자로 코는 자기 자신을 나타내기 때문에 스스로란 뜻이 있어요.
스스로 자	′ 丆 斤 斤 自 自

自身 자신	그 사람의 몸, 또는 바로 그 사람을 이르는 말. (身 몸 신)
自習 자습	혼자의 힘으로 배워서 익힘. (習 익힐 습)

自習(　　)은 공부를 더욱 잘하게 하는 방법이에요.

정답 : 자습

自				

悠悠自適 유유자적

여유(餘裕)가 있어 한가(閑暇)롭고 걱정이 없는 모양(模樣)이라는 뜻으로, 속세(俗世)에 속박(束縛)됨 없이 자기(自己)가 하고 싶은 대로 마음 편히 지냄을 이르는 말이랍니다.

부수 : 子(아들자) 총 3획

어린아이가 두 팔을 벌리고 서 있는 모양을 본떠 만든 글자로 아들을 뜻해요.

| 아들자 | ㄱ 了 子 |

子女 자녀 — 아들과 딸을 아울러 이르는 말.
(女 여자 녀)

弟子 제자 — 스승으로부터 가르침을 받는 사람.
(弟 아우 제)

우리는 한 스승의 가르침을 받는 弟子(   )랍니다.

정답 : 제자

子

父傳子傳 부전자전

아들의 성격이나 생활 습관 따위가 아버지로부터 대물림된 것처럼 같거나 비슷할 때 사용한답니다.

부수 : 子(아들자) 총 6획

집 안(宀)에 아들(子)이 태어나는 것처럼 옛날에는 계속해서 생겨나는 것이 글자라고 생각했데요.

| 글자 자 | ` ´ 宀 宀 宁 字 |

文字 문자 — 글자. 예전부터 전(傳)하여 내려오는 어려운 말귀.
(文 글월 문)

漢字 한자 — 중국어(中國語)를 표기(表記)하는 문자(文字). 표의적(表意的) 음절(音節) 문자(文字)로 우리나라나 일본(日本) 등에서도 널리 쓰이고 있음. (漢 나라 한)

漢字(　　)는 중국에서 만들어져 오늘날에도 사용하는 문자로 우리나라와 일본에서도 널리 사용해요.

정답 : 한자

字				

識字憂患 식자우환

글자를 아는 것이 오히려 근심이 된다는 뜻으로,
알기는 하지만 똑바로 알지 못하기 때문에
그 지식(知識)이 오히려 걱정거리가 된다는 뜻이랍니다.

場

부수 : 土(흙토) 총 12획

흙(土)으로 평평하게 만든 넓은 데서 해가 솟는(昜) 것을 보는 곳, 곧 마당을 말해요.

마당 장

一 十 土 圤 圯 坍 坍 坍 垻 場 場 場

場所 장소 — 어떤 일이 이루어지거나 일어나는 곳.
(所 바 소)

牧場 목장 — 소·말·양 따위를 놓아먹이는 넓은 구역(區域)의 땅.
(牧 기를 목)

풀이 많은 牧場(　　)에서 말들이 즐겁게 뛰놀아요.

정답 : 목장

場

滿場一致 만장일치

회장(會場)에 모인 모든 사람들의 뜻이 완전(完全)히 일치(一致)할 때 사용하는 말이에요.

電	부수 : 雨(비우) 총 13획
	비(雨)가 올 때 번갯불 모양(申)이 보이니 번개를 나타내지요.
번개 전	一 𠂉 𠂋 𠂌 𠂍 雨 雨 雷 雷 電

原電 원전	원자력(原子力) 발전(發電). 원자력(原子力) 발전소(發電所). (原 근본 원)
電話 전화	전화기(電話機)를 이용(利用)하여 서로 이야기를 주고받음. (話 대화 화)

남은 이야기는 집으로 돌아가서 電話(   )로 하자.

정답 : 전화

電					

電光石火 전광석화

번갯불이나 부싯돌의 불이 번쩍거리는 것과 같이 매우 짧은 시간(時間)이나 매우 재빠른 움직임 따위를 비유적으로 이르는 말이에요.

부수: 入(들입) 총 6획

왕(王)이 들어오니(入) 온전하다 또는 갖추다의 뜻이 돼요.

| 온전할 전 | ノ 入 入 스 全 全 全 |

全體 전체 — 온몸. 전신(全身). 전부(全部). 개개 또는 부분의 집합으로 구성된 것을 몰아서 하나의 대상으로 삼는 경우에 바로 그 대상.
(體 몸 체)

安全 안전 — 편안(便安)하여 탈이나 위험성(危險性)이 없음. 또는 그런 상태.
(安 편안 안)

여행은 安全( )한 교통편을 이용하는 게 좋아요.

정답: 안전

全

全心全力 전심전력

온 마음과 온 힘을 다 기울여서 뭔가를 할 때 사용하는 말이에요.

前

부수 : ⺉(선칼도방) 총 9획

배(月=舟)를 타고 칼(⺉=刀)을 휘두르며 나아가는(止) 방향이니 바로 앞이지요.

| 앞 전 | 丶 丷 㔾 肯 肯 前 前 |

事前 사전
어떤 일을 시작(始作)하거나 실행(實行)하기 전, 또는 일이 일어나기 전(前).
(事 일 사)

前後 전후
앞과 뒤. 먼저와 나중.
(後 뒤 후)

어떤 일이든 事前(　　) 준비를 철저히 하면 성공 확률이 높아요.

정답 : 사전

前

風前燈火 풍전등화

바람 앞의 등불이라는 뜻으로,
사물(事物)이 매우 위태로운 처지에
놓여 있음을 비유적으로 이르는 말이에요.

正

부수 : 止(그칠지) 총 5획

한(一) 가지 길일지라도 멈추어(止) 서서 살피니 바르다는 뜻이 돼요.

바를정

一 T F 正 正

正直 정직
거짓이나 꾸밈이 없이 성품(性品)이 바르고 곧음.
(直 곧을 직)

正確 정확
어떤 기준(基準)이나 사실(事實)에 잘못됨이나 어긋남이 없이 바르게 맞는 상태(狀態)에 있는 것.
(確 굳을 확)

正直(   )한 친구를 많이 사귀는 게 좋아요.

정답 : 정직

正

事必歸正 사필귀정

처음에는 시비(是非) 곡직(曲直)을 가리지 못하여 그릇되더라도 모든 일은 결국에 가서는 반드시 바른길로 돌아간다는 의미를 담고 있어요.

祖

부수 : 示(보일시) 총 10획

제사상(示)에 고기나 음식을 겹쳐 쌓아 올려(且) 모시니 조상 또는 할아버지를 뜻해요.

조상 조, 할아버지 조

一 二 于 示 示 和 衵 祖 祖

祖上 조상 — 한 집안이나 한 민족(民族)의 옛 어른들.
(上 윗 상)

祖國 조국 — 조상(祖上) 적부터 살던 나라. 자기(自己)의 국적이 속하여 있는 나라.
(國 나라 국)

祖國(　　)을 위하여 해야 할 일이 정말 많아요.

정답 : 조국

祖

換父易祖 환부역조

아버지와 할아버지를 바꾼다는 뜻으로, 지체가 낮은 사람이 부정한 방법으로 양반집 뒤를 이어 양반 행세를 함을 이르는 말이에요.

부수 : 足(발족) 총 7획

무릎에서 발끝까지의 모양을 본떠 만든 글자예요.

| 발족, 지나칠주 | ㅣ ㅁ ㅁ ㅁ ㅁ 뮤 足 |

滿足 만족 — 마음에 모자람이 없어 흐뭇함.
(滿 찰 만)

洽足 흡족 — 아주 넉넉함, 두루 퍼져서 조금도 모자람이 없음.
(洽 화할 흡)

새로 뽑은 반장은 우리를 위해 애쓰는 모습이 무척 滿足(   )스러워요.

정답 : 만족

足

安分知足 안분지족

자기(自己) 분수(分數)에 만족(滿足)하여
다른 데 마음을 두지 아니한다는 뜻이에요.

左

부수 : 工(장인공) 총 5획

도구(工)를 잡는 손(ナ)이니 왼쪽을 나타내요.

| 왼 좌 | 一 ナ ナ 左 左 |

左便 좌편 — 왼쪽.
(便 편할 편)

左遷 좌천 — 관리(官吏)가 높은 자리에서 낮은 자리로 떨어지거나 외직으로 전근됨을 이르는 말.
(遷 옮길 천)

右便(　)은 백호, 左便(　)은 청룡이 버티고 있어요.

정답 : 우편, 좌편

左

左之右之 좌지우지

왼쪽으로 돌렸다 오른쪽으로 돌렸다 한다는 뜻으로, 사람이 어떤 일이나 대상(對象)을 제 마음대로 휘두르거나 다룰 때 사용해요.

主	부수: 丶(점주) 총 5획
	등불(丶)과 촛대의 모양(王)을 본떠 만들었으며 등불의 중심은 바로 주인, 군주래요. 원래 왕과는 관련이 없어요.
임금 주, 주인 주	丶 亠 宀 主 主

主張 주장	자기(自己) 의견(意見)을 굳이 내세움. (張 베풀 장)
主婦 주부	한 가정의 살림살이를 맡아 꾸려 가는 안주인. (婦 아내 부)

자기 主張(　　)을 설득력 있게 내세우는 게 중요해요.

정답: 주장

主				

主客顚倒 주객전도

주인(主人)은 손님처럼 손님은 주인(主人)처럼
행동(行動)을 바꾸어 한다는 것으로
입장(立場)이 뒤바뀜을 이르는 말이에요.

住	부수: 亻(사람인변) 총7획
	사람(亻=人)이 주인(主)처럼 머무르니 사는 곳을 뜻해요.
살 주	ノ 亻 亻 亻 佇 住 住

住所 주소	사는 곳. (所 바 소)
住宅 주택	① 살림살이를 할 수 있도록 지은 집. ② 사람이 살 수 있도록 지은 집. (宅 집 택)

여행지에서 엽서를 보낼 수 있도록 住所(　　)를 알려줘.

정답: 주소

住				

去住兩難 거주양난

가야 할지 머물러야 할지
결정(決定)하기 어려운 상황(狀況)을
이르는 말이에요.

重	부수 : 里(마을 리) 총 9획
	천(千) 개의 마을(里)이 있으니 넓고 크고 무겁겠죠.
무거울 중	ㅡ ㅡ ㅡ 亠 亩 亩 重 重 重

尊重 존중 — 높이고 중(重)히 여김.
(尊 높을 존)

重要 중요 — 매우 귀중(貴重)하고 소중(所重)함.
(要 구할 요)

우리는 나와 다른 의견을 尊重(　　)하는 학생이랍니다.

정답 : 존중

重				

捲土重來 권토중래

흙먼지를 날리며 다시 온다는 뜻으로,
한 번 실패하였으나 힘을 회복(回復)하여
다시 쳐들어옴을 이르는 말이에요.

紙

부수 : 糸(실사) 총 10획

섬유질(糸)이 얽혀(氏)서 만들어진 편편한 것이니 종이를 뜻해요.

| 종이 지 | ノ ㄥ ㄠ 乡 乡 糸 糸 糸 紅 紙 紙 |

休紙 휴지 — 못 쓰게 된 종이. 밑씻개나 코를 풀거나 하는 데 쓰는 종이.
(休 쉴 휴)

便紙 편지 — 소식(消息)을 서로 알리거나 용건(用件)을 적어 보내는 글, 또는 그리하는 일
(便 편할 편)

오랜만에 친구의 마음이 담긴 便紙( )를 받았어요.

정답 : 편지

紙

眼光紙背 안광지배

눈빛이 종이의 뒤까지 꿰뚫어 본다는 뜻으로, 독서(讀書)의 이해력(理解力)이 날카롭고 깊음을 이르는 말이에요.

부수 : 土(흙토) 총 6획

흙(土)이 큰 뱀의 모양을 한 온 누리(也)에 깔려 있으니 땅을 말해요.

땅 지

一 十 土 土' 地 地

地位 지위 개인(個人)이 차지하는 사회적(社會的) 위치(位置).
(位 자리 위)

宅地 택지 집터. 집을 지을 땅.
(宅 집 택)

地位(　　)가 높을수록 뜻과 마음은 낮추어야 해요.

정답 : 지위

地

易地思之 역지사지

처지(處地)를 서로 바꾸어 생각함이란 뜻으로, 상대방(相對方)의 처지(處地)에서 생각해 본다는 말이에요.

直	부수 : 目(눈목) 총 8획
	열(十) 개의 눈(目), 즉 여러 개의 눈으로 숨어 있는(乚) 것도 보니 곧고 바르게 볼 수 있어요.
곧을 직	一 十 十 市 市 古 直 直

直接 직접	중간(中間)에 매개(媒介)나 거리(距離)·간격(間隔) 없이 바로 접함. (接 이을 접)
正直 정직	거짓이나 꾸밈이 없이 성품(性品)이 바르고 곧음. (正 바를 정)

아버지는 늘 正直(　　)과 청렴결백을 생활신조로 삼으셨어요.

정답 : 정직

直				

單刀直入 단도직입

혼자서 칼을 휘두르고 거침없이 적진(敵陣)으로 쳐들어간다는 뜻으로, 문장(文章)이나 언론(言論)의 너절한 허두(虛頭)를 빼고 바로 그 요점(要點)으로 풀이하여 들어감을 말해요.

川	부수 : 川(내천) 총 3획
	언덕 사이로 물이 흐르고 있는 모양을 본떠 만든 글자예요.
내 천	ノ 丿 川

河川 하천	강과 시내. (河 하천 하)
深川 심천	깊은 내. (深 깊을 심)

우리 마을에는 河川(　　)이 아름답게 펼쳐져 있어요.

정답 : 하천

川					

山川草木 산천초목

산천(山川)과 초목(草木).
곧 산과 물과 나무와 풀이라는 뜻으로,
자연(自然)을 일컫는 말이에요.

부수 : 十(열십) 총 3획

많은 수(十)의 사람(人)이니 천을 뜻해요. 옛날에는 십(十)이 많은 수를 뜻했어요.

| 일천 천 | ノ 二 千 |

千里 천리 — ① 십(十) 리(里)의 백 갑절. ② 썩 먼 거리(距離). ③ 멀리 떨어져 있는 거리(距離).
(里 마을 리)

千年 천년 — ① 백 년의 열 갑절. ② 썩 오랜 세월(歲月).
(年 해 년)

千里(　　) 길도 한 걸음부터 차근차근 나아가야 해요.

정답 : 천리

千載一遇 천재일우

천 년에 한 번 만난다는 뜻으로,
좀처럼 얻기 어려운 좋은 기회(機會)를 이르는 말이에요.

부수 : 大(큰대) 총 4획

사람이 서 있는(大) 데 그 위로 끝없이 펼쳐져 있는(一) 게 바로 하늘이지요.

| 하늘 천 | 一 二 チ 天 |

天地 천지
① 하늘과 땅. ② 우주(宇宙).
(地 땅 지)

天然 천연
① 사람의 힘을 가(加)하지 않은 상태(狀態).
② 사람의 힘으로는 어떻게도 할 수 없는 상태(狀態).
(然 그럴 연)

天然(　　)의 맛을 느낄 수 있는 음식에는 어떤 게 있을까?

정답 : 천연

天

天下一色 천하일색

세상(世上)에 드문 아주 뛰어난 미인(美人)을 천하일색이라 하지요. 비슷한 말로 천하절색(天下絶色)이 있어요.

부수 : ⺾(초두머리) 총 10획

해(日)가 뜨는 동쪽(十)에서 풀(⺾=艸)이 돋아난다는 의미래요.

풀 초

一 十 卄 艹 艹 芎 苩 草 草 草

草木 초목 — 풀과 나무.
(木 나무 목)

草家 초가 — 볏짚·밀짚·갈대 등으로 지붕을 인 집. 초가집.
(家 집 가)

이 마을에는 草家(　　)가 아주 많구나.

정답 : 초가

草

結草報恩 결초보은

풀을 묶어서 은혜(恩惠)를 갚는다는 뜻으로, 죽은 뒤에라도 은혜(恩惠)를 잊지 않고 갚음을 이르는 말이에요.

부수 : 木(나무목) 총 7획

나무(木)를 중심으로 가까운 거리(寸)에 사람들이 모여 사니 마을이지요.

| 마을 촌 | 一 十 オ 木 村 村 |

江村 강촌 — 강가에 있는 마을. (江 강 강)

農村 농촌 — 농토(農土)를 끼고 농사(農事)를 짓는 사람들이 사는 마을. (農 농사 농)

요즘은 農村(　　)으로 되돌아가려는 사람들이 늘었다고 해요.

정답 : 농촌

村					

山間僻村 산간벽촌

산간(山間) 지대(地帶)의 궁벽(窮僻)한 마을.
즉 산속에 있는 후미진 외딴 마을을 말해요.

秋

부수: 禾(벼 화) 총 9획

곡식(禾)을 베어서 불(火)로 말리는 계절이니 가을을 뜻해요.

| 가을 추 | ノ 二 千 才 禾 禾 禾 秋 秋 |

秋夕 추석
우리나라 명절(名節)의 하나. 음력(陰曆) 8월 보름. 중추절(中秋節), 한가위.
(夕 저녁 석)

立秋 입추
24절기(節氣)의 열셋째. 대서와 처서 사이에 드는 데, 양력(陽曆) 8월 8일이나 9일이 되며 이때부터 가을이 시작(始作)됨.
(立 설 입)

秋夕(　　)에는 송편을 먹으며 재미있는 이야기를 나누어요.

정답: 추석

秋				

秋月春風 추월춘풍
가을 달과 봄바람이라는 뜻으로,
흘러가는 세월(歲月)을 이르는 말이에요.

春

부수 : 日(날일) 총 9획

풀(艸)이 돋아나도록(屯) 해(日)가 비추는 계절이 바로 봄이에요.

| 봄춘 | 一 二 三 夫 춘 春 |

春秋 춘추
① 봄과 가을. ② 어른의 나이에 대한 존칭(尊稱). ③ 춘추(春秋) 시대의 줄임. ④ 공자(孔子)가 엮은 것으로 오경(五經)의 하나. (秋 가을추)

春分 춘분
24절기(節氣)의 넷째. 경칩(驚蟄)과 청명(淸明) 사이로 양력(陽曆) 3월 21일 경(頃)으로 주야(晝夜)의 길이가 같음. (分 나눌분)

친구의 할아버지께 春秋(   )를 여쭈어 보았어요.

정답 : 춘추

春

一場春夢 일장춘몽

한바탕의 봄꿈처럼 헛된 영화(榮華)나 덧없는 일이란 뜻으로, 인생(人生)의 허무(虛無)함을 비유하여 이르는 말이에요.

出	부수 : 凵(위튼입구몸) 총 5획
	식물의 싹(屮)이 땅 위로 돋아나는 모양(凵)을 본떠 만들어 '나다'를 뜻해요.

날 출	丨 屮 屮 出 出

出發 출발 — 목적지(目的地)를 향하여 나아감. 또는 어떤 일을 시작(始作)함. 또는 그 시작(始作).
(發 필 발)

脫出 탈출 — 어떤 상황이나 구속 따위에서 빠져나옴.
(脫 벗을 탈)

서울행 열차가 잠시 후에 出發(　　)해요.

정답 : 출발

出				

青出於藍 청출어람

푸른색이 쪽에서 나왔으나 쪽보다 더 푸르다는 뜻으로,
제자(弟子)가 스승보다 나은 것을 비유하는 말이에요.

便

부수: 亻(사람인변) 총 9획

사람(亻=人)에게 한 번(一) 말(曰)만 하면 사람(人)에게 편하도록 바꾸게 돼요.

| 편할 편, 똥오줌 변 | 亻 亻 仃 何 佰 便 便 |

便紙 편지
소식(消息)을 서로 알리거나, 용건(用件)을 적어 보내는 글, 또는 그리하는 일.
(紙 종이 지)

小便 소변
오줌.
(小 작을 소)

오늘은 선생님께 便紙(   )를 쓰고 싶어요.

정답 : 편지

便

兩便公事 양편공사

양편의 의견(意見)을 듣고 시비(是非)를
공평(公平)하게 판단(判斷)하는 일을 말해요.

부수 : 干(방패간) 총 5획

방패(干)는 나누어도(ノヽ) 고르고 평평해요.

| 평평할 평 | 一 ニ ㇆ 兀 平 |

平和 평화 — ① 평온(平穩)하고 화목(和睦)함. ② 전쟁(戰爭), 분쟁 또는 일체의 갈등이 없이 평온함, 또는 그런 상태.
(和 화할 화)

平等 평등 — 권리, 의무, 자격 등이 차별 없이 고르고 한결같음.
(等 무리 등)

폭력적인 수단으로는 平和(　　)를 이룰 수 없어요.

정답 : 평화

平					

太平聖代 태평성대

어질고 착한 임금이 다스리는
태평(太平)한 세상(世上)이나 시대를 말해요.

부수 : 一(한일) 총 3획
기준선(一)보다 아래에 물건(卜)이 있음을 나타내고 있어요.

아래 하	一 丁 下

臣下 신하 — 임금을 섬기어 벼슬을 하는 자리에 있는 사람.
(臣 신하 신)

下流 하류 — ① 강이나 내의 흘러가는 물의 아래편.
② 수준 따위가 낮은 부류.
(流 흐를 류)

왕의 뜻을 잘 받드는 것이 臣下(　　)의 도리지요.

정답 : 신하

下					

燈下不明 등하불명

'등잔(燈盞) 밑이 어둡다'는 뜻으로 가까이에 있는 물건이나 사람을 잘 찾지 못함을 이르는 말이에요.

부수 : 夂(천천히걸을쇠발) 총 10획

큰 머리(頁)에 탈을 쓰고 춤을 추듯 천천히 걸으면서(夂) 제사를 지낸 계절이 여름이었다고 해요.

| 여름 하 | 一 丆 丆 丆 万 百 百 頁 夏 夏 |

清夏 청하 — 맑고 산뜻한 여름.
(淸 맑을 청)

夏服 하복 — 여름 옷.
(服 옷 복)

夏服(　　)은 가볍고 시원해요.

정답 : 하복

夏

夏爐冬扇 하로동선

여름의 화로(火爐)와 겨울의 부채라는 뜻으로, 아무 소용(所用) 없는 말이나 재주를 비유하여 이르는 말. 또는 철에 맞지 않거나 쓸모없는 사물(事物)을 비유하여 이르는 말이에요.

109

漢

부수 : 氵(삼수변) 총 14획

양자강 상류 하천(氵=水)에 어렵다(難)는 뜻의 생략형이 합하여 '한나라'를 뜻해요.

한수 한, 한나라 한

丶 丶 氵 氵 汁 汁 汁 汁 淓 淓 漢 漢

漢詩 한시	한문(漢文)으로 지은 시(詩). (詩 시 시)
漢江 한강	우리나라 중부를 흐르는 강. 태백산맥에서 시작하여 황해로 흘러듦. (江 강 강)

漢文(   )으로 지은 시가 바로 漢詩(   )예요.

정답 : 한문, 한시

漢					

漢江投石 한강투석

한강(漢江)에 돌 던지기라는 뜻으로, 지나치게 미미하여 아무런 효과를 미치지 못함을 이르는 말이에요.

海

부수 : 氵(삼수변) 총 10획

물(氵=水)이 끊임없이(每) 흘러 모이는 곳이 바로 바다예요.

| 바다 해 | 丶 丶 氵 氵 汙 汒 浒 海 海 海 |

海軍 해군 — 바다에서 전투(戰鬪)를 맡아 하는 군대(軍隊).
(軍 군사 군)

海洋 해양 — 넓은 바다, 지구(地球)의 겉죽에 큰 넓이로 짠물이 많이 괴어 있는 곳.
(洋 물 양)

대한민국의 海軍( )은 용감하게 우리 바다를 지켜요.

정답 : 해군

海

桑田碧海 상전벽해

'뽕나무밭이 푸른 바다가 되었다'라는 뜻으로,
세상(世上)이 몰라 볼 정도(程度)로 바뀐 것.
세상(世上)의 모든 일이 엄청나게 변해 버린 것을 의미해요.

話

부수 : 言(말씀언) 총 13획

말(言)은 입 안에서 혀를 내민 모양(舌)으로 알 수 있으니 말씀을 나타내지요.

| 말씀화, 말할화 | ` 亠 ㄗ 言 言 言 訐 話 |

對話 대화 — 마주 대(對)하여 서로 의견(意見)을 주고받으며 이야기하는 것, 또는 그 이야기.
(對 대할 대)

神話 신화 — 예로부터 사람들 사이에서 말로 전(傳)해져 오는 신을 중심(中心)으로 한 이야기.
(神 귀신 신)

부모님과 對話(   )를 많이 나누면 자신을 성장시킬 수 있어요.

정답 : 대화

話

閑談屑話 한담설화

한가(閑暇)한 말과 자질구레한 이야기라는 뜻으로, 심심풀이로 하는 실없는 말을 이르는 말이에요.

花

부수 : ++(초두머리) 총 8획

풀(++=艸)이 자라서 봉오리가 맺히고 피어나서 예쁘게 되니(化) 꽃이에요.

꽃 **화**

一 十 艹 艹 艹 花 花 花

花草 화초
꽃이 피는 풀과 나무. 또는, 꽃이 없더라도 분에 심어서 관상용(觀賞用)이 되는 온갖 식물(植物).
(草 풀 초)

開花 개화
① 꽃이 핌.
② 사람의 지혜가 열리고 사상(思想)·풍속(風俗)이 발달(發達)함.
(開 열 개)

화단에 온갖 花草(   )가 가득해요.

정답 : 화초

花

錦上添花 금상첨화

비단(緋緞) 위에 꽃을 더한다는 뜻으로,
좋은 일에 또 좋은 일이 더하여짐을 이르는 말이에요.

活	부수 : 氵(삼수변) 총 9획
	물(氵=水, 水) 맛을 혀(舌)로 음미하며 마시니 몸이 살아나요.
살 활	丶 氵 氵 汀 汚 活 活

活力 활력	살아 움직이는 힘. (力 힘 력)
生活 생활	① 사람이나 동물이 일정한 환경에서 활동(活動)하며 살아감. ② 생계(生計)나 살림을 꾸려 나감. (生 날 생)

사람은 누구나 生活(　　) 방식이 달라요.

정답: 생활

活					

死中求活 사중구활

죽을 고비에서 살길을 찾는다는 뜻으로, 난국을 타개하기 위(爲)해 감(敢)히 위험(危險)한 상태(狀態)에 뛰어듦을 이르는 말이에요.

孝

부수 : 子(아들자) 총 7획

노인(耂)을 아들(子)이 받드니 효도지요.

| 효도 효 | 一 + 土 尹 夬 孝 孝 |

孝道 효도 — 부모(父母)를 잘 섬기는 도리(道理), 또는 부모(父母)를 정성껏 잘 섬기는 일.
(道 길 도)

孝誠 효성 — 마음껏 어버이를 잘 섬기는 정성(精誠).
(誠 정성 성)

孝誠(   )이 지극한 사람은 누구나 칭찬한답니다.

정답 : 효성

孝

事親以孝 사친이효

삼국 통일의 원동력이 된 화랑(花郞)의
세속오계(世俗五戒)의 하나로
어버이를 섬김에 효도(孝道)로써 함을 이르는 말이에요.

부수: 彳(두인변) 총 9획

발걸음(彳)을 아이처럼 작게(幺) 내딛으며 뒤처져(夂) 걸으니 '뒤'를 뜻해요.

| 뒤 후 | ノ ク 彳 彳 𣥂 𣥂 𣥂 後 後 |

後退 후퇴 — 뒤로 물러남.
(退 물러날 퇴)

後悔 후회 — 이전의 잘못을 깨치고 뉘우침.
(悔 뉘우칠 회)

사소한 일로 친구에게 화냈던 것을 지금은 後悔(   )하고 있어요.

정답: 후회

死後藥方文 사후약방문

죽은 뒤에 약의 처방을 한다는 뜻으로, 때가 지난 뒤에 어리석게 애를 쓰는 경우를 비유적으로 이르는 말이지요. 이미 때가 지난 후(後)에 대책(對策)을 세우거나 후회(後悔)해도 소용(所用)없다는 말이랍니다.

休	부수: 亻(사람인변) 총 6획
	사람(亻=人)이 나무(木) 그늘에서 쉬고 있어요.

| 쉴 휴 | ノ 亻 亻 什 休 休 |

休息 휴식	하던 일을 멈추고 잠깐 동안 쉼. (息 쉴 식)
連休 연휴	이틀 이상(以上) 휴일(休日)이 겹침. 또는 그런 휴일(休日). (連 잇닿을 연)

休息( ) 시간을 가진 뒤 토론이 시작됩니다.

정답: 휴식

休					

年中無休 연중무휴

한 해 동안 하루도 쉬는 일이 없음을 뜻해요.